Pflanzen retten die Welt

geschrieben von Annabel Savery
illustriert von Qu Lan

Laurence King Verlag

Laurence King Verlag GmbH
Jablonskistr. 27, 10405 Berlin
www.laurencekingverlag.de

Laurence King ist ein Imprint der
Hachette Children´s Group
Carmelite House, 50 Victoria Embankment
London EC4Y 0DZ
einem Unternehmen von Hachette UK
www.hachette.co.uk
www.hachettechildrens.co.uk

Für die englischsprachige Originalausgabe
Editor: Victoria Brooker
Design: Lisa Peacock
Cover-Design: Claire Jones

Für die deutschsprachige Ausgabe
Übersetzung: Frederik Kugler
Redaktion: Anne Vogel-Ropers
ISBN: 978-3-96244-258-3
Hergestellt in China, 1. Auflage 2021

INHALT

WARUM SIND PFLANZEN SO GROSSARTIG?

Was kann zur Herstellung von Schnüren, zur Behandlung von Bauchschmerzen und zum Reinigen von Wunden verwendet werden, enthält Vitamin C und Kalzium, kann sich selbst verteidigen, ist voller nützlicher Insekten, die Nutzpflanzen schützen, was wiederum der Landwirtschaft hilft, und wächst überall auf der Welt?
Die Brennnessel natürlich!

Pflanzen sind die Grundlage allen Lebens – ohne sie könnten wir nicht überleben! Sie liefern Nahrung und Medizin, reinigen die Luft, bieten Lebensräume für Tiere, schützen vor Katastrophen wie Überschwemmungen und werden zur Herstellung von Produkten genutzt, die wir jeden Tag verwenden.

Die Art, wie wir Pflanzen heute nutzen, lässt sich bis zu unseren frühen Vorfahr*innen zurückverfolgen. Pflanzen waren unsere erste Form des Brennstoffes und boten Schutz und Nahrung. Auch heute werden sie überall verwendet: von Kleidung bis zu Baumaterial, und seit kurzem auch, um unseren Plastikverbrauch zu reduzieren.

Wir befinden uns mitten in einer Umweltkrise. Die globale Erwärmung hat dazu geführt, dass sich das Klima überall auf der Welt verändert. Die Folge sind Naturkatastrophen und der Zusammenbruch von Ökosystemen. Verschmutzung durch die Industrie und Müllproduktion verschärfen die Lage für die Natur. All diese Probleme bedrohen unsere Pflanzen, aber sie können auch die Helden sein, die unseren Planeten retten! Lasst uns herausfinden, wie …

Können Pflanzen wirklich die Welt retten?

WAS SIND PFLANZEN?

Grünes Moos auf einem Dach, Gänseblümchen auf einer Wiese, Kakteen in der Wüste, turmhohe Mammutbäume: Pflanzen können alles sein, vom kleinsten Unkraut bis zum größten Baum.

Alle Organismen auf der Erde können anhand ihrer gemeinsamen Merkmale in Gruppen unterteilt werden. Unsere Pflanzenwelt umfasst knapp 400.000 Arten, und es werden ständig neue entdeckt. Die meisten Pflanzen haben Wurzeln, Stiele (oder Stängel/Stämme/Halme) und Blätter. Eine Sache, die die meisten Pflanzen gemeinsam haben, ist die Fotosynthese.

Fotosynthese ist ein unglaublicher Prozess, der es Pflanzen ermöglicht, ihre eigene Nahrung herzustellen. Pflanzen enthalten einen grünen Farbstoff namens Chlorophyll. Mithilfe der Energie des Sonnenlichts und des Chlorophylls wandeln sie Wasser und Kohlendioxid in Zucker und Sauerstoff um. Den Zucker nutzen sie, um zu wachsen. Der Sauerstoff ist für sie ein Abfallprodukt, den sie wieder an die Luft abgeben.

Pflanzen nehmen Kohlendioxid auf und geben Sauerstoff ab, während wir Menschen beim Atmen Kohlendioxid abgeben und Sauerstoff aufnehmen.

Wir produzieren aber auch Kohlendioxid, indem wir fossile Brennstoffe zur Energiegewinnung verbrennen. Zu viel Kohlendioxid schadet jedoch der Gesundheit unseres Planeten, da es die Wärme der Sonne in unserer Atmosphäre hält, was dazu führt, dass sich die Erde erwärmt.

Pflanzen liefern den Sauerstoff, den wir zum Atmen brauchen, und nehmen das Kohlendioxid auf, das unserer Umwelt schadet – sie sind Helden!

NETZ DES LEBENS

Das Netz des Lebens zeigt, wie alle Lebensformen verbunden sind und voneinander abhängen. Alle Organismen brauchen Nährstoffe, um zu leben und zu wachsen. Das Netz des Lebens ermöglicht es, dass die Nährstoffe von den Pflanzen an die Tiere und zurück an die Erde gegeben werden.

Pflanzen sind in den meisten Nahrungsketten das erste Glied. Sie stellen nicht nur ihre eigene Nahrung mittels Fotosynthese her (siehe Seiten 6-7), sondern nehmen auch Mineralstoffe über ihre Wurzeln auf. Wenn ein Tier eine Pflanze frisst, nimmt es mit dem Futter die Mineralstoffe auf und verwertet sie, um zu leben und zu wachsen. Wenn ein Tier ein anderes Tier frisst, geht dieser Nährstofftransfer weiter. Ohne Pflanzen würde diese Kette unterbrochen.

Das Netz des Lebens existiert in allen Ökosystemen der Welt und kann auch in kürzere Nahrungsketten unterteilt werden.

Wenn Pflanzen und Tiere sterben, gelangen die Nährstoffe aus ihren Körpern zurück in den Boden und können so von neuen Pflanzen genutzt werden. So schließt sich der Kreis. Pflanzen tragen aber auch zum Nährstoffkreislauf bei, indem sie ihre Blätter und Früchte verlieren, die sich im Boden zersetzen.

RIESIGE BÄUME

Bäume sind die Giganten der Pflanzenwelt! Diese gewaltigen Organismen können über 100 m groß und Tausende von Jahren alt werden.

Ihre ausladenden Äste spenden Schatten und bieten Schutz. Ihre papierdünnen Blätter absorbieren schädliche Gase aus der Luft. Das ist besonders in Städten hilfreich, wo die Luftverschmutzung aufgrund von Verkehr und Industrie höher ist. Außerdem tragen Baumkronen in Städten während der heißen Sommermonate dazu bei, die Temperaturen zu senken.

Bäume leisten auch unter der Erde wichtige Arbeit. Ihre Wurzeln breiten sich aus und verzweigen sich in immer dünnere Stränge. Sie nehmen Wasser und Nährstoffe auf und verankern die Bäume im Boden. Wurzeln sorgen auch dafür, dass Wasser schneller im Boden versickert, was die Gefahr von Überschwemmungen reduziert. Zudem tragen Wurzeln dazu bei, das Grundwasser zu reinigen und zu filtern.

Wind und Regen können den Boden abtragen. Das führt nicht nur dazu, dass das Land weniger Nährstoffe für den Anbau von Nutzpflanzen enthält, sondern bedeutet auch, dass die Wasserwege mit Erde verstopft werden und es häufiger zu Überschwemmungen kommt. Bäume bilden eine natürliche Barriere zwischen Wetter und Boden, der von ihren Wurzeln an Ort und Stelle gehalten wird.

Bäume sind eine Lösung, um der Klimakrise zu begegnen. Es werden viele neue Bäume gepflanzt, aber sie brauchen viel Zeit zum Wachsen. Deshalb sollten wir nicht nur neue Bäume pflanzen, sondern auch die schon bestehenden älteren Wälder schützen.

TRAUTES HEIM

Eulen, die aus Baumhöhlen lugen, Vögel, die ihre Nester in Bäumen bauen, Mäuse, die sich in trockenes Gras einrollen: das sind nur einige der Pflanzen-Unterschlupfe. Ökosysteme brauchen Tiere, und Tiere brauchen Pflanzen.

Pflanzen profitieren davon, Tieren ein Zuhause zu bieten. Nistende Vögel helfen, Insektenpopulationen auf und um die Bäume herum zu kontrollieren.

Bienen und Wespen sind wichtige Bestäuber. Solitärbienen nisten in vorhandenen Hohlräumen im Holz, im Boden oder in Pflanzen. Feldwespen zerkauen Holzfasern zu einem Brei, den sie wie Pappmaché zum Nestbau verwenden. Wespen nisten in der Nähe von Nutzpflanzen und fressen die Schädlinge, die diese Pflanzen bedrohen.

Orang-Utans verbringen ihr ganzes Leben in Bäumen, schwingen sich von Ast zu Ast und bauen zum Schlafen Nester aus Blättern. Sie fressen über 500 Pflanzenarten und verbreiten deren Samen mit ihrer Kacke – und forsten so den Wald wieder auf! Leider sind Orang-Utans heute stark bedroht, weil ihr Lebensraum gerodet wird.

Biber fällen Bäume und Sträucher, um Wasserläufe zu stauen und so ihre Behausungen zu bauen. Die größten Biberbaue können bis zu 500 m breit sein. Biberdämme tragen dazu bei, Feuchtgebiete zu schaffen, in denen andere Wasserpflanzen und -tiere leben können. Außerdem leiten sie Wasser um und speichern es, sodass Überschwemmungen eingedämmt werden können, und ihre Konstruktionen halten Sedimente zurück, was zur Reinigung des Wassers beiträgt.

TEAMWORK

Pflanzen sind vielen Bedrohungen ausgesetzt, denen sie scheinbar hilflos ausgeliefert sind. Aber tatsächlich haben Pflanzen clevere Wege gefunden, um sich mithilfe von Warnsignalen verteidigen zu können.

Wenn Pflanzen von Blattläusen befallen werden, geben sie einen chemischen Stoff aus ihren Blättern an die Luft ab. Wenn umliegende Pflanzen diesen Stoff aufnehmen, produzieren sie selbst diesen Stoff, um Blattläuse abzuwehren und blattlausfressende Prädatoren (z. B. Wespen) anzulocken.

Unter der Erde wachsen dünne, weitverzweigte Pilzgeflechte durch den Boden und um die Wurzeln der meisten Pflanzen herum. Sie tauschen Nährstoffe und Wasser mit diesen Pflanzen aus, übermitteln aber auch chemische Nachrichten zwischen den Pflanzen. Pilzgeflechte erweitern die Reichweite der meisten Pflanzenwurzeln, verbinden die Pflanzen miteinander und erschaffen so ein riesiges Netzwerk. Pflanzen können über riesige Gebiete wie Wälder hinweg kommunizieren.

Pflanzen nutzen diese Systeme auch, um sich gegenseitig vor Trockenheit zu warnen. Wenn Pflanzen eine Trockenperiode durchleben, senden sie eine Nachricht, woraufhin andere Pflanzen die winzigen Spaltöffnungen (Stomata) auf der Unterseite ihrer Blätter schließen, damit sie kein Wasser verlieren.

Pflanzen erkennen auch ihre eigenen Nachkommen. Sie lassen diesen Pflanzen mehr Platz zum Wachsen als fremden Pflanzen, die sie als Konkurrenten betrachten, und können ihnen sogar Nährstoffe weiterleiten.

Unser Planet verändert sich. Pflanzen, die sich verteidigen und zusammenarbeiten können, sind der Schlüssel, um Ökosysteme zu schützen und die Welt mit Nahrung zu versorgen.

SCHADSTOFFDETEKTOREN

Summ, summ – eine hungrige Fliege auf der Suche nach ihrem Mittagessen lässt sich auf etwas leuchtend Rotem nieder, das fruchtig riecht. Sie macht es sich gerade gemütlich, als ... SCHNAPP! ... die Pflanze um sie herum zuklappt. Das ist die Venusfliegenfalle.

Die Venusfliegenfalle ist eine fleischfressende Pflanze. Diese Pflanzen haben Wurzeln und Blätter wie andere Pflanzen, aber da sie auf kargen, steinigen Böden wachsen, haben sie einen anderen Weg gefunden, um Nährstoffe aufzunehmen: Sie fressen Insekten.

Fleischfressende Pflanzen haben sich so entwickelt, dass sie in einer kargen Umgebung leben können. Indem sie Insekten fressen, bekommen sie die Nährstoffe, die sie im Boden nicht finden können. Die Erforschung fleischfressender Pflanzen hilft der Wissenschaft, mehr darüber zu erfahren, wie sich Pflanzen entwickeln und anpassen.

In Nordeuropa wächst der fleischfressende Sonnentau in sumpfigen Böden, die von Regenwasser gespeist werden. Da es hier nur wenig Nährstoffe gibt, produziert der Sonnentau einen klebrigen Sirup, der wie erfrischende Tautropfen aussieht. Wenn dann ein Insekt landet, bleibt es kleben und wird von der Pflanze verschlungen. Mjam.

Einige Sonnentaugewächse produzieren mittlerweile jedoch weniger Tautropfen und fangen weniger Insekten. Das ist ein Zeichen für Luftverschmutzung.

Wenn Menschen fossile Brennstoffe verbrennen, werden stickstoffhaltige Schadstoffe freigesetzt, die sich mit der Luft vermischen und mit dem Regen zurück auf die Erde kommen. Der Sonnentau nimmt diese Stoffe auf und benötigt weniger Insekten als Nahrung. Da sich diese Pflanzen unterschiedlich verhalten, je nachdem, wie nah sie sich an Schadstoffquellen befinden, helfen sie der Wissenschaft, mehr darüber herauszufinden, wie der Mensch den Planeten beeinflusst.

WIR BRAUCHEN UNKRAUT

Im April 1986 explodierte im Kernkraftwerk Tschernobyl in der Ukraine ein Reaktor und verseuchte die Umgebung mit radioaktiver Strahlung. Das Gebiet ist immer noch radioaktiv, weshalb dort niemand leben kann. Es gibt dort jedoch Pflanzen, die in Häusern und um Schulen herum wachsen, zwischen Pflastersteinen sprießen und auf Fensterbänken blühen. Die Regenerationsfähigkeit von Pflanzen zu verstehen ist entscheidend, um Lebensräume auf der ganzen Welt wiederherzustellen.

Unkraut kann auf nacktem Boden wachsen, wo es keine Konkurrenz von größeren Pflanzen fürchten muss. Es produziert viele Samen, um so erfolgreich wie möglich zu sein. Viele Unkräuter produzieren Samen, die vom Wind weitergetragen werden, sodass sie sich ohne die Hilfe von Tieren leicht verbreiten können.

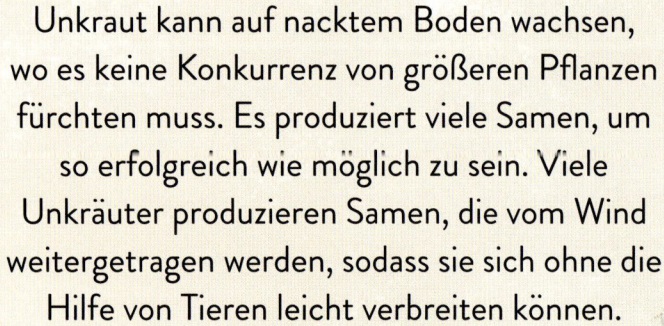

Unkraut gehört zu einer Gruppe von Pflanzen, die als Pionierpflanzen bekannt sind. Sie sind die Ersten, die nach einer Katastrophe oder nach einer Ernte die Pflanzenwelt wiederherstellen. Sie schützen den freigelegten Boden vor Erosion und helfen ihm, Wasser und Nährstoffe zu speichern. Sobald sich das Unkraut durchgesetzt hat, finden Tiere wieder Nahrung und Schutz und bringen andere Samen mit, aus denen größere Pflanzen wachsen.

In der kalten Jahreszeit bietet Unkraut Lebensräume für Bestäuber, wenn es sonst kaum Alternativen gibt. Da die Klimakrise dafür sorgt, dass die Temperaturen auf der Erde steigen, erscheinen die Bestäuber immer früher im Jahr. Unkraut ist daher für diese Tiere lebensnotwendig, damit sie in unserer sich verändernden Welt überleben können.

WUNDERBARES MOOS

Manche Pflanzen sind so alltäglich, dass man sie gar nicht mehr bemerkt. Darum nimmt man oft an, dass sie nichts Besonderes tun. Im Fall von Moos könnte man aber nicht falscher liegen!

Moose haben keine Wurzeln. Stattdessen haben sie winzige, haarähnliche Strukturen, Rhizoide genannt, mit denen sie sich an Oberflächen festhalten. Rhizoide helfen aber auch bei der Wasseraufnahme, wobei einige Moosarten Wasser auch über ihre Oberfläche aufnehmen können.

Moos ist eine Pionierpflanze. Es wächst nicht nur auf kargen Oberflächen, sondern auch auf Felsen und Häuserdächern. Es verbreitet sich über Sporen: winzige, lebende Zellen, die von der Mutterpflanze an die Luft abgegeben werden. Moos wächst überall auf der Welt und übersteht sowohl Hitze als auch Kälte. Es gehört sogar zu den wenigen Pflanzen, die auf dem eisigen Kontinent Antarktika vorkommen.

In kalten Regionen schützt Moos den Boden vor dem Schmelzen und in heißen Regionen schützt es die Baumwurzeln vor dem Austrocknen. Eine Moosart hat sich sogar an ein Leben in dunklen Höhlen angepasst. Diese gespenstischen Pflanzen scheinen zu leuchten, da sie das wenige verbliebene Licht anziehen.

Die Menschen haben sogar einige praktische Verwendungen für Moose gefunden. Moos kann zum Beispiel verunreinigtes Wasser und belastete Luft klären, indem es die Schadstoffe filtert. Es kann aber auch statt der üblichen Chemikalien in Filtersystemen von Swimmingpools eingesetzt werden, was besser für Mensch und Umwelt ist.

WICHTIGE BESTÄUBER

Reife rote Erdbeeren, saftige gelbe Pfirsiche, lange grüne Stangenbohnen … diese Leckereien und noch viele andere würden verschwinden, wenn es nicht unsere fleißigen Bestäuber gäbe. Zum Glück haben Pflanzen aber auch darauf eine Antwort!

Die Pflanze-Bestäuber-Beziehung gehört zu den bekanntesten natürlichen Partnerschaften. Wahrscheinlich denken dabei die meisten an Bienen, aber auch Fledermäuse, Vögel, Schmetterlinge, Motten und Käfer bestäuben, was das Zeug hält. Pflanzen ernähren ihre Bestäuber und bieten ihnen ein Zuhause. Im Gegenzug werden sie von den Bestäubern befruchtet.

Pflanzen produzieren bunte, duftende Blüten, um Bestäuber anzulocken, die sich dort von einem süßen Sirup namens Nektar ernähren. Dabei bleibt ein klebriger Staub (Pollen) an ihren Körpern haften. Wenn die Bestäuber zur nächsten Blüte fliegen, wird der Pollen wieder abgerieben. Diese Art des Pollenaustauschs befruchtet die Pflanze, sodass sie Samen herstellen kann.

Die Produktion von Samen sichert den Pflanzen das eigene Überleben. Mit den Samen und Früchten, die die Pflanzen produzieren, nehmen die Menschen Proteine, Vitamine, Zucker und Mineralien auf, die wir zum Wachsen brauchen. Wir können zwar Bäume pflanzen, um Obst anzubauen, aber wir werden immer auf Bestäuber angewiesen sein, damit die Bäume auch Früchte tragen.

Einige Pflanzensamen wachsen in Schalen, wie zum Beispiel Nüsse, oder in Schoten, wie Erbsen. Andere wiederum verstecken sich im Inneren von Früchten.

Bestäuber werden durch den Menschen bedroht. Um die wachsende Weltbevölkerung zu ernähren, werden die landwirtschaftlichen Betriebe immer größer. Immer mehr Flächen werden gerodet, in denen Bestäuber leben. Die Landwirtschaft setzt außerdem Pestizide ein, um Nutzpflanzen vor Schädlingen zu schützen. Dabei werden aber auch die Bestäuber getötet, die sich von diesen Pflanzen ernähren.

23

PERFEKTE PARTNER

Der Josuabaum und die Yuccamotte haben eine einzigartige Bestäuber-Partnerschaft entwickelt, da die Bäume keinen Nektar produzieren, um die Motten anzulocken, sie aber trotzdem zu ihnen kommen. Die Motten legen ihre Eier in den Blüten ab und bestäuben die Bäume dabei. Auf diese Weise produzieren die Bäume dann Samen, die den Raupen der Motte als Nahrung dienen.

Die Yuccamotte ist das einzige Insekt, das den Josuabaum bestäubt, sodass diese Partnerschaft überlebenswichtig für den Baum ist. Der Baum selbst ist wiederum für das Ökosystem der Wüste wichtig, da er Nagetieren und Vögeln Nahrung und Schutz bietet, die sonst nicht überleben könnten.

Affenbrotbäume wachsen in Afrika, Australien und Madagaskar. Diese „Bäume des Lebens" speichern in ihrer Rinde Wasser, das von den dort lebenden Menschen in Trockenzeiten angezapft werden kann. Aber auch Elefanten nutzen diesen Speicher, indem sie die Rinde fressen.

Die Blüten des Affenbrotbaums öffnen sich nachts und bieten Fledermäusen Nahrung, die sie im Gegenzug bestäuben, während andere Tiere in den Hohlräumen und Ästen des Baums Unterschlupf finden. Die Blätter und Früchte sind sehr nahrhaft und werden von Tieren und Menschen geschätzt. Die Bäume spenden Schatten, und ältere Exemplare mit ausgehöhlten Stämmen dienen sogar als Lagerorte und Verstecke!

Partnerschaften zwischen Tieren und Pflanzen gibt es überall in der Natur. Sie haben sich über Tausende von Jahren entwickelt und helfen beiden, unter schwierigsten Bedingungen als Gemeinschaft zu überleben.

WIE SAMEN ÜBERLEBEN

Pflanzen können nur überleben, wenn neue Generationen heranwachsen. Daher haben sie unglaubliche Methoden entwickelt, um ihre Samen zu schützen und sicherzustellen, dass sie auch wachsen.

Alle paar Jahre verwandelt sich die trockene braune Erde der Atacama-Wüste in Chile in ein buntes Farbenmeer. In dieser Region regnet es jedoch fast nie. Es gibt sogar Gegenden, in denen noch nie Regenfälle verzeichnet wurden. Trotzdem kommt es, wenn es doch einmal regnet, zu einer sogenannten Superblüte!

Nur, woher kommen die Blumen? Die Antwort ist ganz einfach: die Samen waren die ganze Zeit da. Sie haben nur auf den Regen gewartet, damit er ihre Schutzschicht abwäscht und sie endlich sprießen können. Aufgrund der extremen Lebensbedingungen in der Wüste haben sich die Pflanzen so angepasst, dass sie schnell wachsen, blühen und neue Samen produzieren können.

Viele Pflanzen verstecken ihre Samen in Früchten. Die Samen sind so beschaffen, dass sie das Verdauungssystem eines Tieres unbeschadet überstehen. Wenn sie in Form eines Häufchens das Tageslicht erblicken, sind sie von der Mutterpflanze wegtransportiert und verbreitet worden und bereit zu wachsen. Manchen Samen macht nicht einmal Feuer oder extreme Kälte etwas aus.

Dennoch befürchten Wissenschaftler*innen, dass Pflanzenarten aussterben können. Sie haben begonnen, Samen zu sammeln und in Samenbanken zu lagern. Das geht, da Pflanzen die erstaunliche Fähigkeit besitzen, auf die richtigen Bedingungen warten zu können, bevor sie keimen. So können wir Pflanzen wieder ansiedeln, die in der Natur ausgestorben sind, oder unfruchtbar gewordene Landstriche wieder bepflanzen.

SUPER SEEGRAS

Seegraswiesen wachsen überall auf der Welt in flachen, salzigen Gewässern. Sie haben sich vor über 100 Millionen Jahren entwickelt und bieten Meereslebewesen seit jeher Nahrung und Schutz. Indem sie Lebensräume für Schildkröten, Fische, Krabben, Seevögel und Meeressäuger schaffen, unterstützen sie ein Unterwasser-Ökosystem, das für Menschen und Tiere gleichermaßen überlebenswichtig ist.

Im Kampf gegen die Klimakrise ist Seegras ein echter Held. Seegraswiesen können sich über riesige Flächen erstrecken und ähnlich wie Wälder viel Kohlendioxid aufnehmen, Kohlenstoff speichern und Sauerstoff an das Wasser zurückgeben. Mit ihren Wurzeln, die sich im Meeresboden verankern, verlangsamen sie die Strömung und verhindern die Erosion der Küsten.

Doch obwohl sie so wertvoll sind, werden sie
durch menschliche Aktivitäten zerstört. Dazu
gehören die Verschmutzung durch Abwässer
und Abgase, Schiffsschrauben und Anker, die
den Boden beschädigen, Bohrungen und
Grabungen sowie Küstenerschließungen.
Außerdem kann das Wasser, das vom Land
in die Meere gelangt, Pestizide beinhalten.
Die Folge ist eine Algenblüte, die den
Meeresboden verdunkelt und
Pflanzen und Tiere bedroht.

Aktuelle Projekte befassen sich jedoch damit, die
Seegraswiesen wiederherzustellen, indem Samen von
gesunden Wiesen gesammelt und neu gepflanzt werden.

GEDANKENFUTTER

Vor langer Zeit aßen die Menschen nur das, was sie sammeln und jagen konnten. Tausende von Jahren und viele clevere Erfindungen später verlassen sich die Menschen auf eine gewaltige Landwirtschaft, um die riesige Weltbevölkerung zu ernähren.

Der Druck, immer mehr Nahrung zu produzieren, hat dazu geführt, dass immer mehr natürliche Lebensräume durch Nutzflächen verdrängt wurden. Dieses System muss sich ändern, weshalb viele Landwirt*innen heute nach Möglichkeiten suchen, Lebensmittel auf natürlichere Art zu produzieren, indem sie zum Beispiel große Felder durch Baumreihen teilen, eine größere Vielfalt an Nutzpflanzen anbauen und weniger Chemikalien einsetzen.

Die Biotechnologie ist eine alte Wissenschaft. Mit ihr lassen sich Pflanzen so verändern, dass sie unseren Bedürfnissen besser entsprechen. Zum Beispiel, wenn ein*e Landwirt*in nur noch die Samen der größten und stärksten Pflanzen verwendet, um so die Qualität der Ernte jedes Jahr zu steigern.

In den letzten Jahrzehnten hat die Biotechnologie sehr große Fortschritte gemacht. Mittlerweile können Pflanzen sogar bis auf ihre Zellen unter dem Mikroskop betrachtet und Eigenschaften einer Pflanze auf eine andere übertragen werden. Man kann zum Beispiel eine Pflanze nehmen, die das Provitamin A produziert, und diese Eigenschaft auf andere Pflanzen übertragen, wie auf Reis. So können Menschen, wenn sie Reis essen, mehr wichtiges Provitamin A aufnehmen.

Die Eigenschaften von Pflanzen zu verändern, könnte helfen, in Zukunft mehr Menschen zu ernähren. Es gibt aber auch viel Kritik daran, auf diese Weise in die Natur einzugreifen.

DR. PFLANZE

Du glaubst vielleicht, die Medizin sei eine moderne Erfindung, aber die Menschen haben schon immer Verletzungen und Krankheiten behandelt. Früher nutzten die Menschen Pflanzen als Medizin und gaben ihr Wissen von einer Generation zur nächsten weiter. Aber auch heute können diese Pflanzen noch Leben retten.

Koffein kommt in Teeblättern, Kaffee- und Kakaobohnen vor. Obwohl koffeinhaltige Produkte heute weit verbreitet sind, wurden sie früher nur als Medikament verabreicht.

Weidenrinde wurde bereits vor 3.500 Jahren eingesetzt, um Schmerzen zu lindern. Sie enthält Salicylsäure, die zur Herstellung von Aspirin verwendet wird – heute eines der am häufigsten verwendeten Medikamente der Welt! Andere, stärkere Schmerzmittel, die sogenannten Opiate, werden aus dem Milchsaft des Schlafmohns gewonnen.

HIER SINDE NOCH EIN PAAR ANDERE BEISPIELE:

Die Rosafarbene Catharanthe
wird in der Krebstherapie
eingesetzt.

Bischofskraut wird zur
Behandlung von Asthma und
Herzproblemen eingesetzt.

Echtes Mädesüß hilft bei
Kopf-, Glieder- und
Muskelschmerzen.

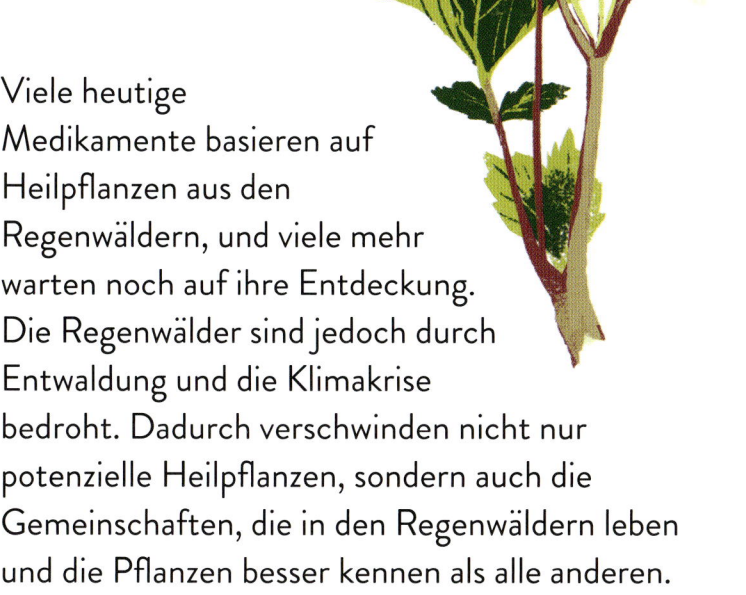

Der Saft der Aloe Vera lindert
kleine Verbrennungen und
wehrt Insekten ab.

Viele heutige
Medikamente basieren auf
Heilpflanzen aus den
Regenwäldern, und viele mehr
warten noch auf ihre Entdeckung.
Die Regenwälder sind jedoch durch
Entwaldung und die Klimakrise
bedroht. Dadurch verschwinden nicht nur
potenzielle Heilpflanzen, sondern auch die
Gemeinschaften, die in den Regenwäldern leben
und die Pflanzen besser kennen als alle anderen.

GENIALES GIFT

Es war einmal ein Mann, der verirrte sich im Dschungel und bekam Fieber. Er trank aus einer Quelle, doch das Wasser schmeckte bitter und er glaubte, sich vergiftet zu haben. Aber es ging ihm besser! Eine Substanz war von den umliegenden Bäumen in die Quelle gesickert, und der Mann wurde geheilt. Dies ist eine der Legenden rund um die Entdeckung des Chinins. Auch wenn zu viel davon schädlich ist, wird Chinin seit über 400 Jahren eingesetzt, um eine gefährliche Krankheit zu behandeln: Malaria.

Im Gegensatz zu Tieren können Pflanzen nicht weglaufen, wenn sie angegriffen werden. Manche Pflanzen verteidigen sich daher mit Dornen oder einer harten Rinde, während andere giftige Substanzen enthalten. Auf diese Weise haben die Menschen und Tiere gelernt, bestimmte Pflanzen zu meiden, sodass diese Pflanzen erfolgreich weiterwachsen konnten.

Im Laufe der Zeit haben die Menschen aber auch gelernt, dass einige dieser Gifte Krankheiten heilen können.

Im Gelben Steinklee wurde das Gift Cumarin entdeckt, als Rinder davon krank wurden. Man entwickelte dann daraus ein Gift zur Schädlingsbekämpfung, und später fand man heraus, dass der Inhaltsstoff beim Menschen eine entzündungshemmende, krampflösende Wirkung hat.

Fingerhut wächst in vielen Gärten und enthält Digitalis-Glykoside, die bei zu hoher Dosierung tödlich sind und zum Herzstillstand führen. In der richtigen Dosierung können sie jedoch den Blutdruck senken und bei Herzrhythmusstörungen helfen.

AUS PFLANZEN GEMACHT

Wenn du einmal angefangen hast, nach Pflanzen Ausschau zu halten, wirst du sie überall finden! Schau dich zu Hause oder in der Schule um. Was siehst du? Holzmöbel? Baumwollvorhänge? Papier?

Papier wird aus Pflanzenfasern hergestellt. Diese werden meist aus Holz gewonnen, aber auch Bambus, Zuckerrohr oder Baumwolle können verwendet werden.

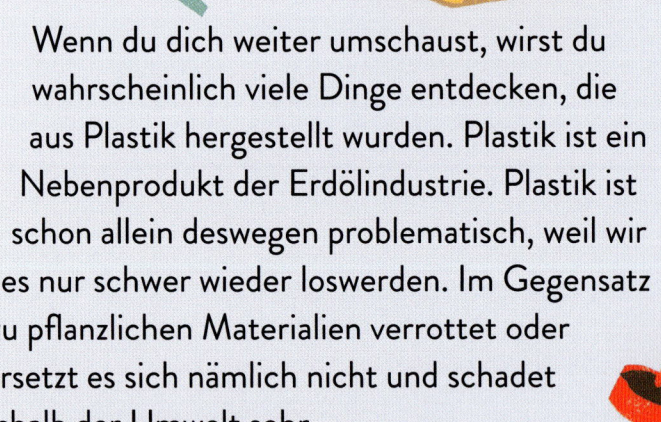

Wenn du dich weiter umschaust, wirst du wahrscheinlich viele Dinge entdecken, die aus Plastik hergestellt wurden. Plastik ist ein Nebenprodukt der Erdölindustrie. Plastik ist schon allein deswegen problematisch, weil wir es nur schwer wieder loswerden. Im Gegensatz zu pflanzlichen Materialien verrottet oder zersetzt es sich nämlich nicht und schadet deshalb der Umwelt sehr.

Überall auf der Welt sammeln sich riesige Mengen an Plastikmüll. Darum wurde in der EU ein Verbot für Einwegartikel aus Plastik erlassen, denn diese stellen das größte Problem dar, da sie oft einfach auf dem Boden landen und dann in die Gewässer und Lebensräume wildlebender Tiere gelangen, wo sie großen Schaden anrichten.

Viele dieser Artikel können auch aus pflanzlichen Materialien statt aus Plastik hergestellt werden. Einweggeschirr kann zum Beispiel aus Bambus, Becher und Strohhalme können aus Papier, und Tüten und Lebensmittelbehälter können aus pflanzlichen Rohstoffen (Cellulose) produziert werden.

37

KLEIDUNG AUS PFLANZEN

Wie fändest du ein Pflanzen-Outfit? Schau an dir herunter. Wahrscheinlich trägst du schon eins!

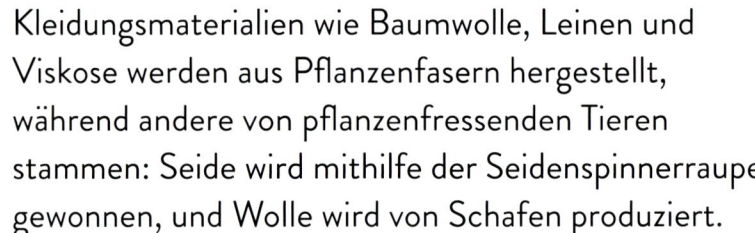

Kleidungsmaterialien wie Baumwolle, Leinen und Viskose werden aus Pflanzenfasern hergestellt, während andere von pflanzenfressenden Tieren stammen: Seide wird mithilfe der Seidenspinnerraupe gewonnen, und Wolle wird von Schafen produziert.

Baumwollpflanzen produzieren Samen, die an flauschigen Fasern hängen, damit sie – ähnlich wie Pusteblumen – durch den Wind verbreitet werden können. Die langen Fasern werden gesammelt und zu Stoff verarbeitet, während andere Baumwollprodukte Zutaten für so unglaubliche Dinge wie Sprengstoff, Nagellack, Eiscreme und Kaugummi sind!

Da Baumwolle so nützlich ist, wird immer mehr davon angepflanzt. Das führt aber auch dazu, dass die Baumwollindustrie immer mehr Pestizide einsetzt, in den Anbauregionen das Wasser knapp und die Umwelt verschmutzt wird, und die Menschen unter unwürdigen Bedingungen arbeiten müssen.

Aus diesen Gründen versuchen die Menschen, Baumwolle durch andere Materialien zu ersetzten. Aus Hanfpflanzen, die weniger Wasser, Dünger und Pestizide benötigen, lassen sich zum Beispiel viele gleiche Produkte herstellen wie aus Baumwolle. Und aus Flachs, dessen Samen gegessen oder zu Leinöl verarbeitet werden können, lässt sich Leinen herstellen.

MENSCHEN UND PFLANZEN

Abgesehen davon, Pflanzen zu zerkleinern, zu mixen, zu zermahlen, zu essen und anderweitig zu verwenden, können wir auch einfach ihre Nähe genießen. In der japanischen Kultur ist die Praxis des *Shinrin Yoku* weit verbreitet, was so viel wie „Waldbaden" bedeutet und die heilsame Wirkung eines Eintauchens in die Waldatmosphäre beschreibt.

Unser heutiger Lebensstil bringt es mit sich, dass wir sehr viel Zeit in bebauten Gebieten und künstlichen Umgebungen verbringen. Der Aufenthalt in der Natur, wie in Wäldern, reduziert nachweislich Stress und Ängste und fördert das Wohlbefinden, die Schlafqualität und das Immunsystem.

Mittlerweile hat man erkannt, dass eine Verbundenheit mit der Natur für alle Menschen wichtig ist. Manche Ärzt*innen verordnen sogar Aufenthalte im Freien, und Untersuchungen haben ergeben, dass der Blick ins Grüne aus dem Krankenhausfenster die Genesung der Patient*innen beschleunigen kann.

In vielen Bildungseinrichtungen wird das Lernen im Freien immer häufiger praktiziert. Und bei der Stadtplanung wird Grünflächen immer mehr Bedeutung beigemessen.

Gartenarbeit ist eine der einfachsten Möglichkeiten, die Natur bewusst zu erleben. Egal, ob du einen großen Garten, einen kleinen Hof, einen Balkon oder nur eine Fensterbank hast, du kannst immer etwas anpflanzen. Pflanzen zu betrachten und ihnen beim Wachsen zu helfen, kann dir viele Erfolgserlebnisse bescheren.

BEDROHUNG UND SCHUTZ

Wir nutzen Pflanzen auf unzählige Arten. Sie tragen zu unserer Gesundheit, unserem Wohlstand und unserem Wohlbefinden bei. Trotzdem sind Pflanzen durch menschliche Aktivitäten stark gefährdet.

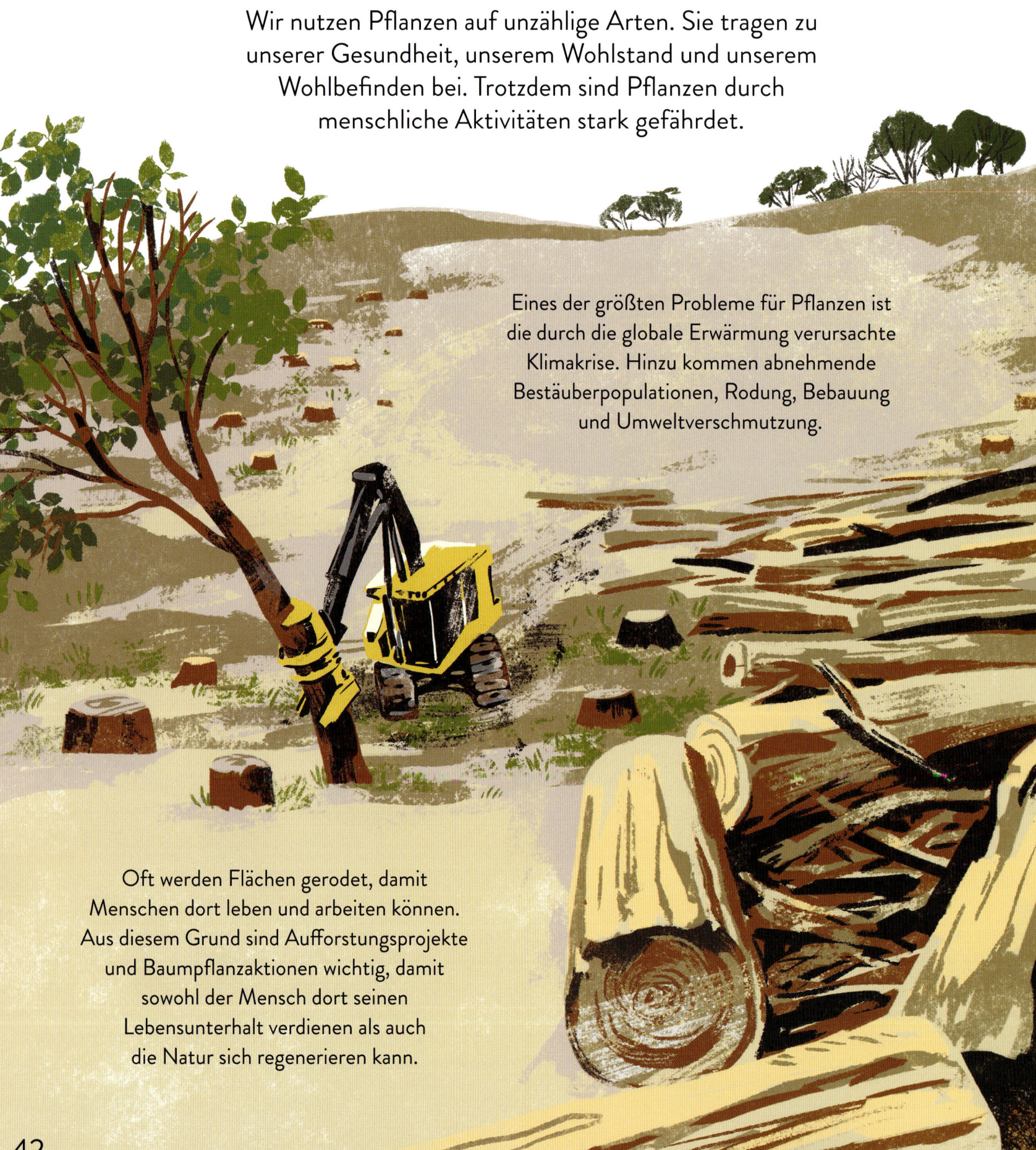

Eines der größten Probleme für Pflanzen ist die durch die globale Erwärmung verursachte Klimakrise. Hinzu kommen abnehmende Bestäuberpopulationen, Rodung, Bebauung und Umweltverschmutzung.

Oft werden Flächen gerodet, damit Menschen dort leben und arbeiten können. Aus diesem Grund sind Aufforstungsprojekte und Baumpflanzaktionen wichtig, damit sowohl der Mensch dort seinen Lebensunterhalt verdienen als auch die Natur sich regenerieren kann.

Neben der Renaturierung von Landstrichen ist es aber auch wichtig, Rodungen an sich zu verhindern, da alte Wälder mehr Kohlendioxid aufnehmen als junge Waldplantagen und Tieren bereits bestehende Lebensräume bieten.

Rewilding bedeutet, Eingriffe durch den Menschen zu verhindern und der Natur ihren Lauf zu lassen. Auf diese Weise können heimische Tier- und Pflanzenpopulationen zurückkehren, damit sich die Ökosysteme regenerieren und selbst erhalten können. Eine Möglichkeit, Pflanzen zu schützen, ist herauszufinden, welche am stärksten gefährdet sind. Auf der Roten Liste der Weltnaturschutzunion (IUCN) sind alle vom Aussterben bedrohten Pflanzenarten weltweit, aber auch national und regional, verzeichnet. Sie stehen unter besonderem Schutz.

WAS DU TUN KANNST

Pflanzen können wundervolle Dinge leisten, aber dazu brauchen sie unsere Hilfe und unseren Schutz. Wenn wir es schaffen, umweltbewusster und nachhaltiger zu leben, unterstützen wir damit Pflanzen auf der ganzen Welt.

Es gibt viele Möglichkeiten, wie wir Pflanzen zum Erfolg verhelfen können: Wenn wir die wilde Natur schützen und neue Räume schaffen, können Bestäuber dort leben und sich ernähren. Wenn wir weniger fossile Brennstoffe verbrauchen und Wälder schützen, reduzieren wir die Luftverschmutzung. Und wir können Unternehmen unterstützen, die auf nachhaltige und regenerative Energien setzen.

HIER SIND EIN PAAR IDEEN, UM ZU HELFEN:

WIEDERVERWENDEN UND RECYCELN

Benutze beide Seiten des Papiers und repariere oder spende alte Kleidungsstücke. Hilf bei der Mülltrennung zu Hause, damit weniger Müll auf den Deponien landet.

REDUZIERE DEINE EINWEGARTIKEL

Einwegartikel aus Papier und Pappe sind zwar besser als aus Plastik, aber wiederverwendbare Behälter sind noch besser! Und nimm beim Einkaufen deine eigene Tasche mit, damit du keine Tüten brauchst.

GEH NACH DRAUSSEN
Mehr Zeit an der frischen Luft zu verbringen, ist nicht nur toll, sondern steigert auch die Konzentration und Kreativität und sorgt dafür, dass du nachts gut schläfst.

HILF IM GARTEN
Blumen, Kräuter, Obst und Gemüse im Garten anzupflanzen, hilft Bestäubern – und dir!

Durch das Lesen dieses Buches hast du dich all jenen angeschlossen, die die Bedeutung von Pflanzen verstehen und der Natur helfen wollen, zu überleben.

BIST DU BEREIT, DEN PFLANZEN ZU HELFEN, DIE WELT ZU RETTEN?

Glossar

absorbieren aufsaugen

anpassen sich verändern, um neuen Lebensbedingungen gerecht zu werden

Asthma Erkrankung, die dazu führt, dass man Schwierigkeiten beim Atmen hat

(Erd-)Atmosphäre Gasschicht, die die Erde ummantelt

Aussterben fachsprachlich: Extinktion; wenn das letzte Individuum einer Art stirbt

Blattlaus winzige Insekten, die sich von Pflanzen ernähren; zu viele davon können einer Pflanze schaden

Cellulose unlöslicher Hauptbestandteil in den Zellwänden einer Pflanze

Chlorophyll grüner Farbstoff der Pflanzen

Entwaldung Umwandlung von Waldflächen in andere Landnutzungsformen

entwickeln hier: Veränderungen von Merkmalen, die von Generation zu Generation weitergegeben werden; man spricht von Evolution

Erosion Gestein, das von Wind, Regen oder Wasser abtransportiert wird

Feuchtgebiet Lebensräume wie Sümpfe oder Moore mit ganzjährigem Wasserüberschuss

fossile Brennstoffe natürliche Stoffe (Öl, Kohle, Gas), die man unter der Erde findet und verbrennen kann, um Energie zu erzeugen

Fotosynthese Prozess, bei dem Pflanzen Licht, Wasser und Kohlendioxid nutzen, um daraus Zucker und Sauerstoff herzustellen

gefährdet vom Aussterben bedroht

globale Erwärmung/Erderwärmung Anstieg der Durchschnittstemperatur auf der Erde

Kalzium chemisches Element und wichtiger Nährstoff für Pflanzen

Klima Wetterbedingungen in einem Gebiet über einen längeren Zeitraum hinweg

Klimakrise die negativen Auswirkungen der globalen Erwärmung im Hinblick auf Umwelt und Gesellschaft

Kohlendioxid (CO_2) ein Gas, das in der Luft vorhanden ist oder bei der Verbrennung von fossilen Brennstoffen entsteht

Krebs Krankheit, die für unkontrolliertes und bösartiges Wachstum der Zellen im Körper sorgt

Lebensraum der Raum oder Umkreis, in dem eine Pflanze oder ein Tier lebt

nachhaltig Lebensweise, die darauf ausgerichtet ist, dem Planeten keinen weiteren Schaden zuzufügen

Nährstoffe Stoffe, die alle Organismen brauchen, um zu leben und zu wachsen

Nagetiere kleine Gruppe von Säugetieren wie Ratten, Mäuse, Eichhörnchen und Hamster

Ökosystem Lebensgemeinschaft von Pflanzen und Tieren, die zusammenarbeiten

Pestizide chemische Stoffe, die auf Nutzpflanzen gesprüht werden, damit diese nicht von Insekten aufgefressen werden

Pionierpflanze anspruchslose Pflanze, die als Erste auf einem kargen Boden wächst

Prädatoren alle Tiere, die andere Tiere jagen und fressen

Radioaktivität Energiewellen, die von radioaktivem Material ausgestrahlt werden und menschliche Zellen beschädigen sowie Krankheiten hervorrufen können

Raubtiere Säugetiere, die andere Tiere jagen und fressen

Reaktor Teil eines Kernkraftwerks, in dem bestimmte Reaktionen ablaufen, die Energie erzeugen

Regeneration Prozess, bei dem sich die Natur erholt und neu belebt

Renaturierung Wiederherstellung natürlicher Lebensräume aus Nutzflächen

Rewilding Wiederherstellung der natürlichen Pflanzen- und Tiervielfalt

Rodung das Entfernen von Bäumen, Sträuchern und Pflanzen mitsamt ihren Wurzeln

Sauerstoff ein Gas, das wir zum Atmen brauchen

Schmerzmittel Medikament zur Behandlung von (meist starken) Schmerzen

Sediment Schichtgestein, Ablagerung

Stomata winzige Öffnungen zum Gasaustausch in der Unterseite von Blättern

unfruchtbar hier: Böden, auf denen kaum noch etwas wächst

Verschmutzung Prozess, bei dem schädliche Stoffe in die Umwelt gelangen

Vorfahren Menschen, die lange vor uns gelebt haben

Zelle kleinste Einheit aller Lebewesen

Weitere Informationen

Websites

https://www.nabu.de/tiere-und-pflanzen/pflanzen/
https://www.bund.net/bund-tipps/tiere-und-pflanzen-schuetzen/
https://www.geo.de/geolino/natur-und-umwelt/pflanzen-kindgerecht-erklaert
https://www.rote-liste-zentrum.de/de/Pflanzen-1699.html
https://www.wwf.de/themen-projekte/weitere-artenschutzthemen/medizin-aus-der-natur
https://www.planet-wissen.de/natur/pflanzen/index.html
https://www.umwelt-im-unterricht.de/themen/oekosysteme-biologische-vielfalt/

Bücher

Mein Naturbuch. Zeichnen, ausmalen und gestalten
von Nina Chakrabarti (Laurence King Verlag, 2018)

So ist das Leben! Entdecke alle Lebewesen um dich herum
von Mike Barfield & Lauren Humphrey (Laurence King Verlag, 2021)

Insekten retten die Welt
von BugLife & Qu Lan (Laurence King Verlag, 2022)

100 Dinge, die du im Wald tun kannst
von Jennifer Davis & Eleanor Taylor (Laurence King Verlag, 2020)

Spiele

Bäume und ihre Blätter. Ein Memo-Spiel
von Tony Kirkham & Holly Exley (Laurence King Verlag, 2018)

Baum-Familien. Ein botanisches Quartett
von Tony Kirkham & Ryuto Miyake (Laurence King Verlag, 2021)

Baum-Wissen. 30 Karten zum Erkennen von Bäumen
von Tony Kirkham & Holly Exley (Laurence King Verlag, 2020)

Blumenfamilien. Ein botanisches Quartett für die ganze Familie
von Christine Berrie (Laurence King Verlag, 2018)

Hallo Natur. Activity-Karten
von Nina Chakrabarti & Anna Claybourne (Laurence King Verlag, 2021)

Register